LA BOULANGÈRE

A DES ÉCUS

(Imprimé en couleurs)

LA BOULANGÈRE

Dessins par Frölich

COLLECTION HETZEL

18, rue Jacob

Paris

Gravés par Matthis

LA BOULANGÈRE A DES ÉCUS

VIGNETTES PAR LORENZ FRŒLICH

TEXTE PAR P.-J. STAHL

Gravures imprimées en couleurs

Chromotypographie de G. Fischbach, succr de G. Silbermann.

BIBLIOTHÈQUE
DU MAGASIN D'ÉDUCATION ET DE RÉCRÉATION
J. HETZEL & Cie, 18, RUE JACOB
PARIS

STRASBOURG, TYPOGRAPHIE DE G. FISCHBACH, SUCCESSEUR DE G. SILBERMANN. — 1894.

LA BOULANGÈRE A DES ÉCUS

La Boulangère a des écus
Qui ne lui coûtent guère;
Elle en a, car je les ai vus;
J'ai vu la Boulangère
Aux écus,
Lison la boulangère.

Depuis le matin jusqu'au soir,
En habit de bergère,
On voit gaîment à son comptoir
Trôner la boulangère,
Trôner
Lison la boulangère.

Quand il survient quelque client,
D'une voix nette et claire :
« On va vous servir à l'instant, »
Lui dit la boulangère,
Lui dit
Lison la boulangère.

Puis elle sonne le garçon
Ou sa bonne à tout faire;
Et le client se dit: « Quel ton
Vous a la boulangère,
Vous a
Lison la boulangère! »

Pour les bébés et leurs mamans
Elle se fait moins fière;
Vers eux avec des airs charmants
S'en vient la boulangère,
S'en vient
Lison la boulangère.

Elle leur offre ses gâteaux
De gentille manière.
« Comme ils sont bons, comme ils sont gros!
Merci, la boulangère,
Merci,
Lison la boulangère.

Et s'il vient de pauvres petits
Que ne suit par leur mère,
Ils ont gratis part aux biscuits
Que tient la boulangère
Que tient
Lison la boulangère.

Et pour ce rayon de bonheur
Jeté sur leur misère,
Chacun d'eux a du fond du cœur
Béni la boulangère
Aux écus,
Béni la boulangère.

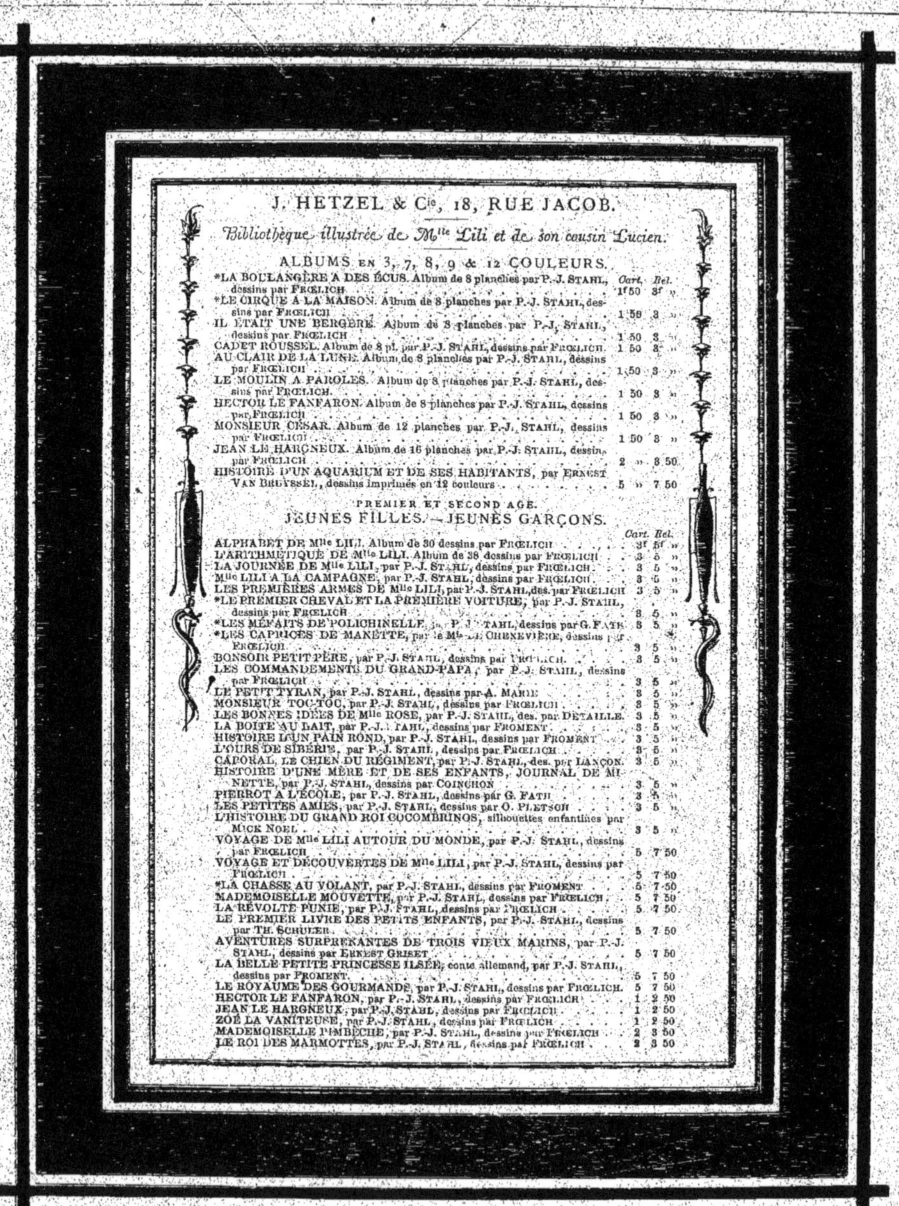

J. HETZEL & Cie, 18, RUE JACOB.

Bibliothèque illustrée de Mlle Lili et de son cousin Lucien.

ALBUMS EN 3, 7, 8, 9 & 12 COULEURS.

	Cart.	Rel.
*LA BOULANGÈRE A DES ÉCUS. Album de 8 planches par P.-J. STAHL, dessins par FRŒLICH	1f50	3f »
*LE CIRQUE A LA MAISON. Album de 8 planches par P.-J. STAHL, dessins par FRŒLICH	1 50	3 »
IL ÉTAIT UNE BERGÈRE. Album de 8 planches par P.-J. STAHL, dessins par FRŒLICH	1 50	3 »
CADET ROUSSEL. Album de 8 pl. par P.-J. STAHL, dessins par FRŒLICH.	1 50	3 »
AU CLAIR DE LA LUNE. Album de 8 planches par P.-J. STAHL, dessins par FRŒLICH	1 50	3 »
LE MOULIN A PAROLES. Album de 8 planches par P.-J. STAHL, dessins par FRŒLICH.	1 50	3 »
HECTOR LE FANFARON. Album de 8 planches par P.-J. STAHL, dessins par FRŒLICH	1 50	3 »
MONSIEUR CÉSAR. Album de 12 planches par P.-J. STAHL, dessins par FRŒLICH	1 50	3 »
JEAN LE HARGNEUX. Album de 16 planches par P.-J. STAHL, dessins par FRŒLICH	2 »	3 50
HISTOIRE D'UN AQUARIUM ET DE SES HABITANTS, par ERNEST VAN BRUYSSEL, dessins imprimés en 12 couleurs	5 »	7 50

PREMIER ET SECOND AGE.

JEUNES FILLES. — JEUNES GARÇONS.

	Cart.	Rel.
ALPHABET DE Mlle LILI. Album de 30 dessins par FRŒLICH	3f	5f »
L'ARITHMÉTIQUE DE Mlle LILI. Album de 38 dessins par FRŒLICH	3	5 »
LA JOURNÉE DE Mlle LILI, par P.-J. STAHL, dessins par FRŒLICH	3	5 »
Mlle LILI A LA CAMPAGNE, par P.-J. STAHL, dessins par FRŒLICH	3	5 »
LES PREMIÈRES ARMES DE Mlle LILI, par P.-J. STAHL, des. par FRŒLICH	3	5 »
*LE PREMIER CHEVAL ET LA PREMIÈRE VOITURE, par P.-J. STAHL, dessins par FRŒLICH	3	5 »
*LES MÉFAITS DE POLICHINELLE, par P.-J. STAHL, dessins par G. FATH	3	5 »
*LES CAPRICES DE MANETTE, par Mlle DE CHENEVIÈRE, dessins par FRŒLICH	3	5 »
BONSOIR PETIT PÈRE, par P.-J. STAHL, dessins par FRŒLICH.	3	5 »
LES COMMANDEMENTS DU GRAND-PAPA, par P.-J. STAHL, dessins par FRŒLICH	3	5 »
LE PETIT TYRAN, par P.-J. STAHL, dessins par A. MARIE	3	5 »
MONSIEUR TOC-TOC, par P.-J. STAHL, dessins par FRŒLICH	3	5 »
LES BONNES IDÉES DE Mlle ROSE, par P.-J. STAHL, des. par DETAILLE.	3	5 »
LA BOITE AU LAIT, par P.-J. STAHL, dessins par FROMENT	3	5 »
HISTOIRE D'UN PAIN ROND, par P.-J. STAHL, dessins par FROMENT	3	5 »
L'OURS DE SIBÉRIE, par P.-J. STAHL, dessins par FRŒLICH	3	5 »
CAPORAL, LE CHIEN DU RÉGIMENT, par P.-J. STAHL, des. par LANÇON.	3	5 »
HISTOIRE D'UNE MÈRE ET DE SES ENFANTS, JOURNAL DE MINETTE, par P.-J. STAHL, dessins par COINCHON	3	5 »
PIERROT A L'ÉCOLE, par P.-J. STAHL, dessins par G. FATH	3	5 »
LES PETITES AMIES, par P.-J. STAHL, dessins par O. PLETSCH	3	5 »
L'HISTOIRE DU GRAND ROI COCOMBRINOS, silhouettes enfantines par MICK NOEL	3	5 »
VOYAGE DE Mlle LILI AUTOUR DU MONDE, par P.-J. STAHL, dessins par FRŒLICH	5	7 50
VOYAGE ET DÉCOUVERTES DE Mlle LILI, par P.-J. STAHL, dessins par FRŒLICH	5	7 50
*LA CHASSE AU VOLANT, par P.-J. STAHL, dessins par FROMENT	5	7 50
MADEMOISELLE MOUVETTE, par P.-J. STAHL, dessins par FRŒLICH	5	7 50
LA RÉVOLTE PUNIE, par P.-J. STAHL, dessins par FRŒLICH	5	7 50
LE PREMIER LIVRE DES PETITS ENFANTS, par P.-J. STAHL, dessins par TH. SCHULER	5	7 50
AVENTURES SURPRENANTES DE TROIS VIEUX MARINS, par P.-J. STAHL, dessins par ERNEST GRISET	5	7 50
LA BELLE PETITE PRINCESSE ILSÉE, conte allemand, par P.-J. STAHL, dessins par FROMENT	5	7 50
LE ROYAUME DES GOURMANDS, par P.-J. STAHL, dessins par FRŒLICH.	5	7 50
HECTOR LE FANFARON, par P.-J. STAHL, dessins par FRŒLICH	1	2 50
JEAN LE HARGNEUX, par P.-J. STAHL, dessins par FRŒLICH	1	2 50
ZOÉ LA VANITEUSE, par P.-J. STAHL, dessins par FRŒLICH	1	2 50
MADEMOISELLE PIMBÊCHE, par P.-J. STAHL, dessins par FRŒLICH	2	3 50
LE ROI DES MARMOTTES, par P.-J. STAHL, dessins par FRŒLICH	2	3 50

STRASBOURG, TYPOGRAPHIE DE G. FISCHBACH, SUCCR DE G. SILBERMANN. — 18[illegible]

www.ingramcontent.com/pod-product-compliance
Ingram Content Group UK Ltd.
Pitfield, Milton Keynes, MK11 3LW, UK
UKHW022210190726
13855UKWH00004B/1692

9 782013 065436